nickelodeon

DORA L'EXPLORATRICE

Le doudou de Babouche

D'après la série *Dora l'Exploratrice* réalisée par Eric Weiner.
Adaptation : France Bonneton ; Illustrations : Artful Doodlers
Directeur de collection : Lise Boëll
Éditorial : Estelle Cerutti et Marie-Céline Moulhiac
Direction artistique : Luc Doligez

Albin Michel

Dans cette aventure, tu vas découvrir ces mots en anglais !

FRANÇAIS	ANGLAIS	PRONONCIATION
bonjour	hello	héllo
allons-y	let's go	lait-sse go
un	one	oane
deux	two	tou
trois	three	sri
quatre	four	for
cinq	five	faille-ve
six	six	sixe
sept	seven	sévene
huit	eight	èïte
neuf	nine	naillene
c'est gagné	we did it	oui dide ite

D'après la série *Dora l'Exploratrice* réalisée par Eric Weiner.

Traduction française : © Philippe Mestiri

Publication originale : Éditions Atlas.

Adaptation française :
© Éditions Albin Michel, S.A., 2014
Éditions Albin Michel
22, rue Huyghens, 75014 Paris
www.albin-michel.fr
ISBN : 978-2-226-25019-3
Loi n°49-956 du 16 juillet 1949 sur les publications destinées à la jeunesse.
Achevé d'imprimer en Italie
Dépôt légal : janvier 2014

Hello! C'est moi Dora !
Il est l'heure d'aller
se coucher !
Pour dormir, je prends
toujours mon doudou.

Mon ami Babouche cherche lui aussi son doudou,
son mignon petit dinosaure en peluche.
Oh, non ! Il n'est pas dans son sac.

Je sais ! Il a dû tomber au **Parc**, tout à l'heure. Sans son petit dinosaure, Babouche n'arrivera jamais à s'endormir !

Nous devons retrouver le petit dinosaure de Babouche. Veux-tu venir avec nous ? Vite ! Il faut arriver au **Parc** avant la nuit. À qui faisons-nous appel lorsque nous ne savons pas quel chemin prendre ? À la Carte, bien sûr ! Dis : « Carte ! »

Pour arriver au **Parc**, la Carte dit de passer par le **Centre de Secours pour Animaux** puis par l'**Étable de Totor**. Allons-y ! **Let's go!**

Nous voici
au **Centre de Secours pour Animaux**. Regarde !
Les mamans sont en train
de coucher leurs petits.

Elles leur font un gros câlin
et un dernier bisou avant la nuit.
Bonne nuit, les animaux !
Où allons-nous maintenant ?
Oui, à l'**Étable de Totor** !

Voici l'**Étable de Totor**.
Regarde ! Totor a neuf petits doudous en peluche ! Il ne va jamais se coucher sans eux.

Babouche aimerait bien serrer son
mignon petit dinosaure lui aussi,
mais il l'a perdu. Allons vite
au **Parc** pour le retrouver !
Bonne nuit, Totor !

Que se passe-t-il ?
Oh, non ! Chipeur chipe
tous les doudous de Totor.

Il les lance dans la grange.
Montons à l'échelle
pour les retrouver.

Ouf ! Nous voici en haut de la grange ! Peux-tu nous aider à retrouver les doudous de Totor ?

Comptons-les ensemble en français et en anglais : un, **one**, deux, **two**, trois, **three**, quatre, **four**, cinq, **five**, six, **six**, sept, **seven**, huit, **eight**, neuf, **nine** !

Hourra ! Nous avons retrouvé les neuf doudous de Totor. Pour nous remercier, Totor propose de nous conduire au **Parc** à bord de sa montgolfière.

Vois-tu le **Parc** ? Oui, là-bas ! Allons-y ! **Let's go!**

Nous voici enfin
arrivés au Parc !
Veux-tu nous
aider à retrouver
le doudou de
Babouche ?
Génial !

Cherchons dans le bac à sable ! Il y une pelle,
un ballon mais pas le petit dinosaure.
Babouche est très triste.

Ça y est ! Je le vois. Le mignon petit dinosaure est caché derrière le tas de sable.

Babouche est très content. Vite ! Rentrons à la maison !

Nous pouvons enfin aller nous coucher !

Maintenant qu'il a retrouvé
son doudou, Babouche va
faire de beaux rêves.

Nous n'y serions jamais arrivés sans toi. Merci de ton aide. Bonne nuit !
Good night!

C'est gagné !
We did it!